UN CONTEMPORAIN

UN CONTEMPORAIN

QUELQUES MOTS

SUR LES

ASSEMBLÉES NATIONALES

ET LE

SUFFRAGE UNIVERSEL

EN FRANCE

PRIX : 1 FRANC

PARIS

A. LE CHEVALIER, LIBRAIRE-ÉDITEUR

61, RUE RICHELIEU, 61

1869

BEAUNE. — IMPRIMERIE LAMBERT, GRAND'RUE , 18.

UN CONTEMPORAIN

Quelques mots sur les Assemblées nationales et le Suffrage universel en France

I

A ce moment où tout le monde veut connaître ses droits, où le mot de suffrage universel retentit dans toute la France, il semble opportun d'en faire connaître l'origine, et de donner en même temps quelques détails sur nos grandes assemblées. Je serai heureux si, par cette étude consciencieuse, dont j'ai exclu toute partialité, je puis inspirer à ceux qui voudront bien me lire, le sentiment de leur devoir et cet amour-propre sacré à tout homme fier, à juste titre, de posséder des origines aussi brillantes, aussi glorieuses que les nôtres. Il importe à tout Français de savoir ce qu'a été sa patrie dans l'histoire, et ce qu'elle est actuellement, afin de la perfectionner dans l'avenir si la Providence le permet.

Ici, point de passion, point de préjugés... il faut voir froidement les faits, et juger! La pensée qui a inspiré mon œuvre est celle d'un grand écrivain gaulois, qui a dit quelque part que : « La liberté, » sous l'apparence de l'esclavage, est préférable à » l'esclavage sous l'apparence de la liberté. »

A la fin du IVe siècle, à l'heure où l'empire romain n'est plus qu'un colosse vermoulu et usé dans ses racines les plus profondes, la Gaule, qui lui avait été soumise par Jules César, parut peu disposée à résister aux invasions des barbares qui, plusieurs fois déjà, avaient franchi le Rhin et ravagé la partie septentrionale du pays. Quelle était donc la cause de cette apathie en face du torrent envahisseur? Eh, mon Dieu! elle avait sa source dans l'iniquité d'un gouvernement qui voulait toujours traiter les Gaulois en peuple conquis, pour ne pas dire en nation esclave.

Français, nous descendons de ces hordes accourues des bords du Rhin; c'est la race germanique qui a joué le principal rôle dans les invasions; c'est elle qui est venue s'implanter sur le sol de la vieille Gaule, la terre sacrée du druidisme ; c'est donc à elle, à ses institutions, que nous devons remonter comme à une source dont nous tirerons tous les matériaux de notre histoire nationale.

Tout homme qui réfléchit sérieusement aux destinées des nations, doit reconnaître quelle influence exerce la femme sur la civilisation des peuples. Or, chez les Romains dégénérés de l'Empire, que fut la femme? On la regardait comme une vile courtisane, comme une esclave. Les Messalines de l'Empire avaient remplacé les chastes et sublimes Cornélies de la République. Je prétends, et beaucoup sont de mon avis, que partout où la femme, cette créature si noble et si belle, est méprisée, la nation est bien près de sa ruine ; partout, au contraire, où la femme, type de l'idéal le plus pur, est respectée, la nation l'est aussi. Chez les Germains, la femme jouissait d'une dignité incontestée. Tacite, le fidèle annaliste, nous apprend que les Germains, malgré leur barbarie, croyaient à la femme quelque chose de divin ; que plusieurs furent adorées vivantes. Que de fois, nous rapporte-t-il, ne vit-on pas les femmes transformées en héroïnes, ramener au combat leurs maris abattus et découragés!... Quand on étudie ces mœurs germaniques, si pleines de poésie malgré leur rudesse, on sent comme un avant-goût des châtelaines du moyen-âge, et de la bienfaisante influence que la femme a exercée sur la chevalerie, et doit exercer sur la société moderne.

Mais c'est le gouvernement des Germains surtout, qui fut remarquable par un sentiment de liberté contrastant étrangement avec la servitude des Romains abâtardis de l'empire. — Que voyons-nous, en effet, dans ce gouvernement? — La plupart des tribus avaient des rois, dont la tradition faisait remonter l'origine jusqu'aux dieux ; mais, en cas de guerre, chaque confédération mettant en pratique le *suffrage universel,* choisissait un chef renommé par ses talents et son courage. — Tel avait été Arminius au premier siècle de l'ère chrétienne, tel fut plus tard Witikind, le terrible adversaire de Charlemagne. Mais ces chefs n'avaient pas la souveraineté ; elle résidait, pleine et entière, dans l'*assemblée nationale* où tous les guerriers se réunissaient en armes. Chez tous les peuples qui ont joui de quelque liberté, il y eut des assemblées de ce genre : nous en trouvons à Sparte et à Athènes ; à Rome, pendant toute la durée de la République, nous voyons les *Comices ;* et les barbares de la Germanie apportèrent à l'Occident les *Champs de Mars,* qui se transformèrent plus tard en *Champs de Mai.* Ainsi donc, tandis que l'empire romain réduisait le sénat au silence, et supprimait les comices du peuple, la Germanie, quoique barbare encore, donnait à l'univers étonné l'exemple des *assemblées nationales* et de la *liberté des discussions.* Or, ce monde germanique qui réunissait tous les contrastes, la loyauté presque chevaleresque et la férocité des hordes sauvages, la déférence pour les femmes et des habitudes d'ivresse et de débauche, l'amour de la liberté et le dévouement du soldat au chef qu'il avait *choisi,* a exercé une immense influence sur les sociétés modernes ; et nous devons reconnaître, avec impartialité, qu'aidé du christianisme et de Rome, il a préparé leur organisation régulière.

Rome, malgré ses vices, laissa au monde l'idée

d'un gouvernement fort et régulier, d'un droit équitable, et de Municipes ou Villes se gouvernant elles-mêmes. Un jour, la société moderne s'appropria ce gouvernement, cette loi et ces municipes transformés en *Communes*. Pour leur contingent, les Germains apportèrent cet amour de la liberté qui éclatait dans leurs assemblées tumultueuses, à la fois Tribunaux et Conseils politiques, une ardeur belliqueuse qui retrempa des nations amollies par le luxe et les plaisirs; une pureté morale qui, sous l'influence chrétienne, enfanta la chevalerie, ce type de vertu et d'héroïsme. N'oublions pas que ce fut le christianisme, cette religion de paix et de douceur, qui unit les Barbares et les Romains. C'est lui qui adoucit la fougue impétueuse des premiers, courba leurs fronts orgueilleux devant la signe de la rédemption universelle, et leur apprit à voir des frères dans les Romains vaincus et conquis.

Eh bien! nous tous, citoyens français, qui sentons couler dans nos veines du sang gaulois, du sang romain et du sang germanique, nous qui, au dix-neuvième siécle, nous reconnaissons surtout fils des Germains, serons-nous des fils dégénérés? Nos pères aimaient la guerre; mais nous, nous la redouterons et nous la détesterons, afin de faire voir aux autres nations, nos sœurs, que nous avons fait un pas considérable dans la grande voie du progrès et de la civilisation.

Qu'est-il, en effet, ce monstre qu'on appelle la

guerre ? C'est la force matérielle écrasant l'intelligence, c'est le droit oublié, la civilisation violée; c'est l'homme devenant bête fauve; c'est la nuit de l'histoire! Tout honnête homme doit la flétrir et la maudire; tout gouvernement doit la redouter et ne l'engager qu'à la dernière extrémité pour la défense de la civilisation et de la patrie menacée.

Quoique fils des Germains, abhorrons donc la guerre; mais, comme nos pères, chérissons avec passion cette belle déesse qu'on nomme la Liberté; non point cette liberté radicale qui, livrée aux mains de démagogues trop enthousiastes, dégénère bien vite, comme on l'a, hélas! trop vu, en anarchie; mais aimons cette liberté sage et raisonnée qui a, pour la diriger, de fortes institutions, les bases de l'ordre et de la sécurité des Etats, en un mot, cette liberté appuyée sur un gouvernement issu du suffrage universel, et qui, seule, peut rendre la nation glorieuse et tranquille au dedans, puissante et respectée au dehors!

II

Les Francs, originaires de la Germanie, vinrent donc s'implanter sur le sol de la Gaule, et c'est d'eux que nous avons tous reçu notre droit primordial. Tous furent *libres :* tous étaient *égaux* et compagnons, et Clovis ne fut que le chef d'une armée *libre,* qui l'avait *librement choisi* pour la diriger dans des entreprises de conquête, dont le profit devait être *commun*.

Mais le pouvoir souverain dont jouissaient d'abord les assemblées nationales, ne dura pas d'une manière uniforme et dans toute son intégrité : Charles-Martel, qui avait dans ses mains une véritable dictature militaire, les abolit pendant les vingt-deux ans de sa domination. Quand Charlemagne, son petit-fils, arriva au pouvoir, lui, qui avait une grande âme, il les remit en vigueur, et restitua ainsi à la nation française un de ses droits naturels et incontestables. Pendant les quarante-six années de son glorieux règne, et après lui, ce furent les *assemblées communes de la nation* qui firent les lois, qui réglèrent le gouvernement et la distribution des emplois civils et militaires, qui décidèrent de la paix et de la guerre; elles jugèrent souverainement les causes majeures, attentats, conjurations, révoltes, et cela à l'égard de toutes les conditions, sans en excepter la *royale* ni l'*impériale*.

Ces assemblées furent régulièrement convoquées dans les pays voisins de la Meuse et du Rhin; l'assemblée de l'automne était la moins nombreuse, la moins solennelle; mais, en réalité, c'était la plus importante. Les évêques, les comtes, les principaux fonctionnaires, les grands dignitaires, formaient comme une sorte de Conseil d'Etat, discutaient les affaires les plus graves et préparaient les lois. La grande assemblée du printemps se confondait avec la revue militaire, à laquelle devaient assister les bénéficiers royaux et tous les hommes libres désignés pour faire la campagne. C'est alors qu'on soumettait aux grands personnages les lois préparées, ou *Capitulaires*, et, quand elles étaient adoptées, on les présentait à la foule réunie qui les accueillait de ses acclamations.

L'empire de Charlemagne, si brillant, si glorieux, ne devait pas longtemps lui survivre; mais son œuvre avait été bien belle. « Il laissa, nous dit M. Ozaneaux, la chrétienté constituée, magnifique unité que nul effort ne put rompre ; il laissa sur les Pyrénées, sur les bords de l'Oder et du Danube, la croix lumineuse qui ne recule jamais; il laissa sur l'Elbe, sur le Wéser, sur le Rhin, sur la Meuse, des nations toutes faites où il n'avait trouvé que des barbares ; il créa l'Allemagne et l'Italie ; il prépara l'Europe d'aujourd'hui, et non-seulement l'Europe politique, mais l'Europe laborieuse, l'Europe civilisée. Aussi, dans l'histoire de toutes ces contrées, son souvenir, national comme dans la nôtre, brille dès la première page, et se reproduit toutes les fois qu'un grand homme vient reprendre cette œuvre d'organisation sociale, par lui si glorieusement commencée. »

Quel beau spectacle nous présente la légende, lorsque, dans les épopées chevaleresques et merveilleuses du moyen-âge, elle nous montre Charlemagne entouré de ses douze pairs ! Il fut le type idéal du prince pendant tout le moyen-âge, et, par son génie surhumain, il a dominé les peuples et les rois.

Oui, comme on le voit, c'est des *forêts* de la Germanie que nous est venue la *démocratie pure;* mais avec Clovis et ses successeurs, elle s'altéra bien vite par la coalition des rois, des évêques et des leudes contre le peuple. Sous les rois fainéants, elle se transforma en despotisme avec les Maires du Palais. Charlemagne, avec son génie, l'avait fait renaître pour quelques instants; mais elle disparut dans le naufrage de son immense empire.

III

Bientôt la monarchie envahissait la *souveraineté nationale ;* les rois changèrent leur qualité de *premiers fonctionnaires de la République* en celle de monarques souverains, et le pouvoir devint une véritable tyrannie; et, il faut le dire ici, qu'est-ce que la tyrannie, si ce n'est l'usurpation de la souveraineté nationale qui doit rester entre les mains du peuple? Mais nous devons remarquer qu'à ce moment, l'instruction à peu près nulle du peuple, le mettait à la merci de ceux qui jadis n'étaient que ses chefs *élus par son suffrage.* Encore si ces chefs eussent senti les moindres effets de la civilisation ! mais ils ne reconnaissaient qu'une loi, celle de la force brutale; qu'un droit, celui de la conquête.

Désormais, le peuple va gravir lentement et bien péniblement ce calvaire, au sommet duquel se trouvent deux grands bienfaits, la *Liberté* et l'*Egalité*. Mais que de luttes, que de souffrances avant d'arriver à les posséder!

Oui, le moyen âge est le moment le plus douloureux de notre histoire. Au seuil de ces sombres jours, le penseur entrevoit les mélancoliques statues du Désespoir et de la Misère ; il entend résonner à ses oreilles les funèbres paroles du grand poète de cet âge, du fier exilé de Florence, qui, pour peindre l'*Enfer*, n'eut qu'à regarder autour de lui : « Laissez toute espérance, ô vous qui entrez! » L'humanité, martyrisée et agonisante, semble vouloir abdiquer la vie.

Non, je ne veux point raconter ici le moyen-âge; je ne veux point énumérer ses misères, ses douleurs, ses tourments; je ne veux point montrer le peuple meurtri, écrasé, broyé par cette terrible machine qui s'appelle la Féodalité. Mon dessein n'est point de réveiller tant de générations infortunées et de les suivre pas à pas, gravissant avec elles les sombres degrés de leur calvaire. Mais la vue de tant de maux m'inspire cette réflexion que, s'il peut paraître excusable de douter du progrès et de l'avenir, c'est quand on contemple cette époque: accablée par tant de souffrances, elle douta d'elle-même!

En présence des guerres, des famines, des pestes, de tous les fléaux qui s'appesantissaient sur lui; à l'aspect de l'église et du château, du prélat et du seigneur, de toutes ces bêtes fauves qui rôdaient autour de lui, l'homme du moyen-âge se prit à désespérer. Il emplit son âme des noires visions de l'Apocalypse : les rêves millénaires l'obsédaient nuit et jour; il crut que tout allait finir, que le monde allait s'effondrer et retourner à l'abîme. Le chaos social le faisait songer au chaos matériel. Sa vie ne fut qu'un lourd cauchemar, et pendant longtemps, son oreille attentive chercha à saisir dans le vent de la nuit le retentissement du clairon des derniers jours !

Il est un chant que l'Eglise catholique a conservé, et dont les versets funèbres, commençant par ces mots : « *Dies iræ*, jour de colère, » peignent bien cette triste époque. — Rien ne pénètre l'âme de plus de terreur et d'angoisse que cette poésie à rimes barbares, que cette musique si triste, qu'elle semble sonner la diane des morts. On peut dire que ce chant, c'est la *Marseillaise* du désespoir. Eh bien ! c'est le chant du moyen-âge ; ces paroles et cette musique sont les images bien fidèles d'une époque.

On dirait, lorsqu'on examine ces premiers temps du moyen-âge, qu'il ne reste plus qu'à célébrer les funérailles des peuples et à mener le deuil de la civilisation : c'est une époque de désolation et d'horreur; cependant, elle ne durera pas ! Tout à coup, un cri de liberté va retentir au milieu de ces grandes douleurs; ce cri magnanime, qui trouvera bien vite

son écho, fut poussé par des gens de cœur et d'énergie, qui voulurent revendiquer hautement les droits
de l'homme, et essayèrent de résoudre le difficile et
ardu problème de l'organisation des sociétés.

Dès le douzième siècle, au milieu de la France
opprimée et agonisante, on voit se former un double
courant insurrectionnel : le courant bourgeois et le
courant populaire. L'affranchissement des communes,
quelques révoltes locales des paysans, tel fut le pré-
lude du puissant mouvement qui éclata au quator·
zième siècle, mit en péril la vieille féodalité, et faillit,
du premier coup, faire arborer par nos pères le
drapeau sacré de la démocratie.

Bientôt sonna l'heure où les horreurs ramassées
de plusieurs siècles firent éclore la révolution bourgeoise et l'insurrection populaire, les *Etats-Généraux*
et la *Jacquerie ;* et alors on vit surgir Etienne Marcel,
le prévôt des marchands, et Guillaume Callet, le roi
des Jacques.

C'est là un des moments les plus glorieux de
l'histoire, c'est le commencement de la revendication
des droits saints de l'humanité.

Jean-le-Bon, fils de Philippe-de-Valois, occupait
le trône ; c'était l'époque de cette longue et effroyable
lutte avec l'Angleterre, dont le souvenir a si longtemps épouvanté l'âme du peuple. Notre belle patrie
n'était plus qu'un vaste champ de carnage, où,
pendant plus d'un siècle, la Mort se promena, faisant à pleins bras sa sanglante moisson ! Pauvre

France ! tu n'étais plus qu'un vaste cimetière où deux nations paraissaient devoir s'engloutir !... A toutes ces misères, inséparables de la guerre, s'ajoutaient encore la famine, la peste et l'inclémence des saisons.

Voilà ce qû'était la France lorsque le roi Jean la reçut de son père.

A ce pauvre peuple qui semblait sur le point de retourner au néant, qu'eût-il fallu? Il lui eût fallu le repos, le calme, la paix... la paix à tout prix! Certainement, si le Valois l'eût désirée, cette paix, il l'eût facilement obtenue, car tout le monde était bien las de la lutte. Mais ce triste prince, qui ne rêvait que grands coups d'épée, préféra la guerre, et quelle guerre, grand Dieu!... une guerre qui devait le conduire dans les champs de Poitiers, c'est-à-dire au désastre, à la ruine, et dans laquelle sa dynastie fut près de faire naufrage. Quel dégoût ne devons-nous pas éprouver, nous autres citoyens français du dix-neuvième siècle, amis du progrès, de la lumière et de la vérité, pour ces brigands, pour ces hideux chasseurs d'hommes, que l'histoire officielle a si lâchement amnistiés sous le nom de conquérants!

Au moyen âge, il y avait deux sortes de guerres : la guerre de brigandage ou de conquête, et la guerre de succession. Notre époque devait inventer la guerre des nationalités, dont nous espérons que la fin sera bientôt venue.

IV

La guerre qui désolait la France à l'avènement du roi Jean, était une guerre de succession. Les peuples n'étaient considérés que comme des troupeaux de bêtes, d'une valeur un peu plus considérable peut-être, octroyées en toute propriété aux princes, par la *grâce de Dieu*. Or, cette propriété était, comme toutes les autres, sujette à contestation, et, pour savoir à qui telle ou telle province appartiendrait, on trouvait commode de faire s'entr'égorger les peuples. Voilà quels étaient les procès des rois, — procès que l'on discutait à coups de sabre sur les champs de bataille. Celui qui avait tué le plus d'hommes avait pour lui le droit de la force, et, les mains teintes du sang de ses semblables, il s'en allait triomphalement remercier le Dieu des armées de sa victoire — nous qui avons quelques notions du juste et de l'honnête, nous dirions : de son crime. —

Quand Jean-de-Valois monta sur le trône, il s'agissait de savoir qui devait posséder définitivement la couronne et le peuple de France. Seraient-ce les Plantagenets ou les Valois, le roi Jean ou bien le roi Edouard? Le peuple s'en inquiétait fort peu : que son tyran vînt de France ou d'Angleterre, Jacques Bonhomme en trouverait-il sa position changée? Il savait bien qu'il supporterait seul le fardeau de la lutte, quelle qu'en soit l'issue.

Qu'étaient les peuples dans cette guerre? — une chose. — On peut dire que la France et l'Angleterre n'étaient pas des ennemies, mais des victimes communes souffrant de la même contagion. Aussi, pour ma part, — et je crois ne pas être le seul à penser ainsi, — je n'éprouve aucune douleur, aucune tristesse patriotique en présence des désastres de Crécy et de Poitiers.

Pourquoi ces défaites doivent-elles nous laisser indifférents? — parce que, dans ces batailles, il n'y avait aucune idée d'engagée. Je dirai plus : Poitiers doit presque nous réjouir, parce que cette défaite fut le signal du réveil du peuple. Oui, elle doit être regardée comme le point de départ de la tradition libérale et révolutionnaire de la France. Oui, quelquefois des désastres doivent changer de nom et s'appeler le salut.

On serait tenté de croire, quand une armée succombe sur un champ de bataille, qu'elle va emporter dans son linceul l'âme et la vie de la nation ; on serait tenté de croire que le peuple tout entier va disparaître de la scène du monde, pour s'endormir à jamais du dernier sommeil ! Mais il n'en est rien. Dans l'épaisse fumée du champ de bataille, au milieu de l'odeur du sang et de la mort, on a souvent aperçu la brillante statue de l'Espérance. Plus d'une fois, nous devons le reconnaître, l'immense tombe des soldats devint le berceau de la Liberté.

Voilà pourquoi Poitiers fut une heureuse catastrophe. De la captivité du roi Jean chez les Anglais, devaient naître les États-Généraux et Etienne Marcel. Après avoir paru dormir pendant plusieurs siècles du sommeil de la mort, la Révolution essaie de se remettre en marche. Le ciel funèbre du moyen âge déchire ses brumes, et, dès ce moment, on peut entrevoir, enveloppée encore dans les ténèbres de l'ignorance et de la superstition, l'aube de ce sublime lever du soleil qui s'appellera la *Révolution française.*

L'humanité va traverser encore bien des jours, bien des années de douleur ; mais elle ne chantera plus l'hymne de la mort et de l'anéantissement ; elle n'attendra plus le jour de la colère et de la malédiction ; elle chantera la sérénade de l'espérance ; elle attendra patiemment le grand jour de la *concorde* et de la *liberté !*

Avec le martyre du peuple dans l'héroïne de la France, Jeanne d'Arc, la souffrance devient plus supportable, et l'ère du désespoir est terminée. Le premier moyen-âge, le temps des plus épaisses ténèbres, se termine à la bataille de Poitiers ; le second, à travers les nuages duquel on entreverra la Renaissance, la Réforme et la grande aurore de 1789, commence aux Etats-Généraux de 1356.

V

Le roi Jean était à Londres, prisonnier des Anglais, et l'administration du royaume tomba entre les mains du duc de Normandie, son fils aîné. La France paraissait à deux doigts de sa perte, et il fallait encore lutter ; pour continuer la guerre, il fallait de l'argent ; il en fallait pour payer la rançon du roi ; il fallait que la nation fît un dernier, un immense sacrifice. En présence d'une telle situation, le duc de Normandie, qui avait pris le titre de lieutenant du roi, se décida à convoquer les États-généraux. La *grâce de Dieu* fut donc reconnue insuffisante à rétablir les affaires de la monarchie, et il fallut avoir recours à la *grâce du peuple*. C'est dans le local des Cordeliers qui, quatre siècles plus tard, devait résonner de si terribles orages avec Camille Desmoulins et Danton, que les États-généraux s'assemblèrent. La noblesse y arriva humiliée et dégradée ; le clergé s'était moins déshonoré qu'elle, et quoique son influence ne s'y montrât pas d'une manière bien ostensible, il joua un rôle qui fut loin d'être sans gloire avec l'évêque de Laon, Robert Le Coq, ce noble transfuge, qui peut être considéré comme l'aïeul du grand Sieyès, et qui, lui aussi, fit du premier coup alliance avec le Tiers-État.

Mais c'est le Tiers-État, la bourgeoisie, qui prit,

dans cette assemblée, le rôle prépondérant et dominateur. L'année précédente déjà, il avait fait entendre au roi Jean un fier langage. La couronne se trouvait avilie, ainsi que la noblesse ; alors les hommes de la bourgeoisie crurent qu'il était bien temps d'en finir avec le régime du *pouvoir absolu* et du *bon plaisir;* ils voulurent réclamer pour la France un vaste système de garanties et franchises ; en un mot, ils voulurent fonder la *Liberté.*

C'était une heure grave et solennelle ; on vit que quelque chose de grand allait naître, et tout le monde attendait. Paris surtout, la grande cité, le cerveau de la France, le foyer des révolutions, était plein de confiance dans la destinée. C'est que la grande ville sentait dans ses murs un homme en qui sa pensée s'était incarnée ; un homme qui, dominant l'époque, allait la diriger vers des voies nouvelles, vers les sentiers de l'avenir.

Ces hommes sont rares, mais l'histoire peut en enregistrer quelques-uns dans ses annales. Ils sont les éclaireurs de la route humaine, les révélateurs du progrès, les vrais apôtres !... Quand ils tombent martyrs de leur idée (et c'est ce qui arrive presque toujours), d'autres prennent la lampe sacrée pour guider les peuples dans le grand, mais dangereux pèlerinage. Ces hommes, qui sortent des entrailles du peuple, inscrivent sur leur drapeau ces trois mots : *Revendication, Droit, Liberté !* avec cet oriflamme resplendissant, ils se mettent en marche, et la foule les suit.

Marcel fut un de ces inspirés, et il tomba martyr de la grande, de la sainte cause! Que voulait donc Etienne Marcel ? J'emprunte à un grand historien de notre siècle, à M. Augustin Thierry, quelques lignes dans lesquelles l'entreprise du tribun du quatorzième siècle est parfaitement définie : « Cet échevin du qua-
» torzième siècle, dont la figure a, de nos jours, sin-
» gulièrement grandi pour l'histoire mieux informée,
» a, par une anticipation étrange, voulu et tenté des
» choses qui semblent n'appartenir qu'aux révo-
» lutions les plus modernes. L'unité sociale et
» l'unité administrative; les droits politiques éten-
» dus à l'égal des droits civils; le principe de l'au-
» torité publique transféré de la couronne à la
» nation ; les Etats-généraux changés, sous l'in-
» fluence du troisième ordre, en *représentation na-*
» *tionale ;* la volonté du peuple attestée comme sou-
» veraine devant le dépositaire du pouvoir royal;
» l'action de Paris sur les provinces, comme tête de
» l'opinion et centre du mouvement général; la dic-
» tature démocratique et la terreur exercée au nom
» du bien commun; de nouvelles couleurs prises et
» portées en signe d'alliance patriotique et symbole
» de rénovation; le transport de la royauté d'une
» branche à l'autre, en vue de la cause des réformes,
» et pour l'intérêt en plébéien, voilà les évènements
» et les scènes qui ont donné à notre siècle et au

» précédent leur caractère politique. Eh! bien, il y
» a de tout cela dans les trois années sur lesquelles
» domine le nom du prévôt Marcel. Sa courte et
» orageuse carrière fut comme un essai prématuré
» des grands desseins de la Providence, et comme
» le miroir des sanglantes péripéties à travers les-
» quelles, sous l'entraînement des passions humaines,
» ces desseins devaient marcher à leur accomplis-
» sement Marcel vécut et mourut pour une idée :
» celle de précipiter par la force des masses popu-
» laires, l'œuvre de nivellement graduel commencé
» par les rois... A une fougue de tribun, il joignait
» l'instinct organisateur; il laissa dans la grande
» cité qu'il avait gouvernée d'une façon rudement
» absolue, des institutions fortes, de grands ouvra-
» ges, et un nom que, deux siècles plus tard, ses
» descendants portaient avec orgueil, comme un
» titre de noblesse. »

Voilà un portrait fidèle de l'homme qui dominait
la municipalité parisienne, et sous l'ardente influence duquel la lutte allait éclater entre les Etats-
généraux et le duc de Normandie, entre le *peuple* et
le *trône*. On peut dire que la *grande ordonnance de
1357* contenait en germe tous les sublimes principes qui doivent présider à la vie des peuples. Le
duc de Normandie le comprit bien, et il sentit parfaitement que cette nouvelle législation n'était autre
chose que la suppression du *pouvoir absolu* et de
l'arbitraire royal, et ce fut sous l'énergique pression

de l'émeute et de Marcel qu'il promulgua l'ordonnance des Etats-généraux transformés dès lors en
Assemblée nationale, et qu'il accepta la commission
des trente-six réformateurs. A partir de ce jour,
Charles n'eut plus qu'une pensée, celle d'annuler,
aussitôt qu'il en trouverait l'occasion, ce qu'il avait
fait contre sa volonté.

La France avait enfin sa *grande charte;* mais,
moins heureuse que l'Angleterre, elle allait se la voir
déchirer.

Ah! si la grande pensée de Marcel eût été com-
prise, si le duc de Normandie eût serré la main plé-
béienne du tribun dans sa main royale, quatre siècles de *monarchie absolue*, quatre siècles de *pouvoir
personnel* eussent été évités à la France; et, nous,
enfants de l'avenir, au lieu de prononcer 1789, nous
aurions dit 1357; nous aurions dit Etienne Marcel
et non Danton, et notre histoire n'aurait pas été as-
sombrie par l'échafaud de Louis XVI.

Avec Marcel, ce magnanime révolutionnaire, le
progrès avait fait une étape, et le quatorzième siècle
annonçait presque l'immortel dix-huitième siècle!

VI

Arrivé au pouvoir d'une manière définitive par la
mort de son père (1364), Charles, qui avait eu pen-

dant sa lieutenance, une juste idée de ce que pouvaient les Etats-Généraux, se garda bien de les convoquer tout le temps de son règne : il voulut gouverner seul, et ramener le pays à l'absolutisme.

Ce ne fut que plus d'un siècle après, en 1484, pendant la minorité de Charles VIII, qu'on vit une nouvelle et véritable assemblée de la nation. Ces états de 1484, aussi bien, mieux même que ceux de 1356, comprirent les graves devoirs qui incombaient sur eux.

On eut beau crier que « c'était crime de lèse-« majesté que de parler d'assembler les Etats, et » que c'était pour diminuer l'autorité du roi, » ils furent réunis par Anne de Beaujeu, la digne fille de Louis XI.

Les Etats de 1484, commencent, si je puis m'exprimer ainsi, une ère nouvelle dans la représentation nationale ; en 1468, Louis XI, ce dur autocrate avait bouleversé la vieille forme des Etats, mais il n'avait pas véritablement constitué un nouvel ordre à la place de l'ancien. « Avant Louis XI, nous dit » M. Henri Martin, les Etats ne s'étaient composés » que de feudataires immédiats du roi, prélats, ba-» rons, représentants des bonnes villes, et des » communautés ecclésiastiques ou laïques relevant » de la couronne. Aux Etats de 1484, les élections » se font d'après un règlement uniforme, par bail-» liages et sénéchaussées, par divisions purement » administratives ; ce n'est plus comme feudataires

» du roi, mais comme sujets du royaume, que l'on
› convoque les électeurs : et pour la première fois,
› les paysans, au moins les paysans libres, sont ap-
› pelés à prendre part aux opérations du premier
» degré : ils envoient des délégués de villages aux
» bailliages inférieurs ou prévôtés, où se nomment
» les électeurs du troisième degré qui vont au chef-
» lieu du baillage, choisir les députés du Tiers. »

Voilà donc un immense changement apporté dans la représentation du pays. Le Tiers-Etat embrasse bien maintenant tout le corps du peuple; on peut dire désormais que le paysan n'est plus la chose du seigneur, l'appendice du fief; il sera maintenant l'égal du bourgeois, il sera membre de l'Etat.

Aux Etats-généraux de 1484, les trois ordres deviennent égaux; c'est que la Jacquerie avait fait son œuvre; les descendants des Bagaudes et des Pastouraux, avec le refrain de leur *Chant du départ* :

> « Nous sommes hommes comme ils sont;
> » Des membres avons comme ils ont.
> » Un aussi grand cœur nous avons;
> » Tout autant souffrir nous pouvons ; »

avaient impressionné les privilégiés, et on leur avait donné gain de cause. C'est à ce moment surtout qu'on peut distinguer d'une manière claire et précise le *génie démocratique* de la France. Cependant la liberté politique n'est pas encore fondée. Les esprits étaient même mal préparés à ce commencement d'égalité ; peu d'hommes pouvaient encore en comprendre les suites.

Voilà pourquoi cette espèce de fusion *des trois ordres* ne se renouvela pas dans les Etats du seizième et du dix-septième siècles ; quelques années après, l'esprit nobiliaire réagit contre cette manifestation prématurée d'unité et d'égalité, aurore lointaine de la glorieuse assemblée de 1789, qui devait confondre pour toujours les ordres privilégiés dans le corps de la nation.

C'est dans cette Assemblée mémorable de 1484 que devait se résoudre une question d'une importance inconnue jusque-là. De ce jour, les Etats furent considérés comme les dépositaires de l'*autorité suprême*. Ce qu'on leur demandait, c'était la reconnaissance éclatante du principe de la *souveraineté du peuple*. Je soutiens que, dans nos révolutions modernes, on ne devait pas dépasser la hauteur théorique de ces débats.

Que vit-on dans cette Assemblée? On vit deux opinions aux prises, pour soutenir l'une que le droit de choisir les dépositaires de l'autorité royale, appartenait aux Etats-généraux, l'autre, que le gouvernement, en cas d'empêchement du roi, devait être dévolu aux princes du sang. C'est alors que les circonstances suscitèrent un de ces hommes qui, comme Marcel, comme Mirabeau, sont les flambeaux sacrés de l'humanité, les éclaireurs de la voie sainte de la *liberté*, de l'*égalité* et de la *fraternité* des peuples.

J'ai nommé Philippe Pot, sire de la Roche, sénéchal de Bourgogne, ce grand homme qui, quoique appartenant à la noblesse, proclama bien haut des principes immortels qui ne devaient retentir que trois siècles plus tard à une tribune politique :

« La royauté, dit-il, est un office et non un héri-
» tage, et ne doit point, à l'instar des héritages,
» être nécessairement confiée à la garde des tuteurs
» naturels, des plus proches par le sang..... L'His-
» toire nous apprend qu'au commencement, les rois
» furent créés par la volonté du peuple souverain.....
» Les princes doivent enrichir l'Etat, et non s'en-
» richir à ses dépens..... L'Etat est la chose du
» peuple, et la souveraineté n'appartient pas aux
» princes qui n'existent que par le peuple. Qui-
» conque possède, par force ou autrement, sans le
» consentement du peuple, le gouvernement de la
» chose publique, n'est qu'un tyran et un usurpa-
» teur du bien d'autrui. En cas de minorité ou d'in-
» capacité du prince, la chose publique retourne au
» peuple, qui la reprend comme sienne, et par
» peuple, j'entends non-seulement la populace et les
» sujets de la couronne, mais les hommes de toute
» condition, de sorte que, sous la dénomination
» d'Etats-généraux, je comprends les princes et tous
» habitants du royaume. Et, comme les Etats-gé-
» néraux sont les dépositaires de la volonté com-
» mune, un fait ne prend force de loi que par la

» sanction des Etats, rien n'est saint ni solide sans
» leur aveu.....»

Voilà bien de grandes idées!... Malheureusement elles étaient prématurées, et leur intelligence devait rester pendant longtemps encore le privilége exclusif de quelques esprits supérieurs; la masse de l'assemblée applaudit bien aux magnifiques discours de Philippe Pot et de Jean Cordier, mais elle se montra bien au-dessous de la situation que les circonstances venaient de lui faire. Cependant, elle proclama que toute souveraineté résidait en elle; mais les députés laissèrent échapper leur conquête, puisqu'ils se laissèrent influencer par la fille de Louis XI, la superbe Anne de Beaujeu. Oui, malgré les idées de souveraineté nationale proclamées par le seigneur de la Roche, ils laissèrent fuir l'occasion qui leur était donnée de fonder le *gouvernement représentatif*, de rendre permanente l'*intervention du pays* dans les affaires de l'Etat, et de faire entrer l'autorité royale dans les *limites de la légalité;* et, en dépit des maximes qui avaient retenti à la tribune de 1484, rien ne fut changé dans la situation de la France. On vit la noblesse reprendre ses prérogatives insultantes pour le peuple.

Que s'ensuivit-il? C'est que de nouvelles dissensions s'élevèrent dans le pays, et la *guerre folle* fut allumée.

VII.

A la période de l'histoire où nous arrivons, l'Europe entre dans une situation nouvelle, et il faut une politique nouvelle.

Charles VIII veut devenir conquérant, et il se précipite sur l'Italie. Je l'ai dit au commencement de cet ouvrage, à cette époque, l'hérédité féodale transmettait et partageait les peuples comme un héritage, sans tenir compte ni des nationalités, ni des divisions naturelles du globe.

Voilà la vraie cause des guerres d'Italie sur lesquelles je ne veux pas m'étendre ; mais il faut reconnaître qu'elles eurent deux conséquences différentes : la première fut heureuse, la seconde effrayante ; la première fut cette vive accélération dans le beau mouvement de la Renaissance et de la civilisation française ; la seconde fut que la France, refoulée chez elle, vit se former, sur le cadavre mutilé de l'Italie, une puissance formidable sous laquelle la civilisation moderne sera bien des fois en péril ; je veux parler de cette puissance austro-espagnole, fondée par Charles-Quint, dans les limites de laquelle « le soleil ne pouvait jamais se coucher. »

Les Etats-généraux sont à peu près oubliés pendant les règnes fastueux de Charles VIII, de Louis XII, de François 1er. Les sublimes théories politiques des orateurs de 1484 tombent dans l'oubli le plus complet. Les guerres de conquêtes remplissent toutes ces années, plutôt que les aspirations libérales des peuples, qui vont docilement se faire tuer dans les tristes champs de Fornoue, de Marignan, de Pavie... Que de générations maudites se sont ainsi éteintes!... Pauvre France, quand donc soulèveras-tu le voile qui cache tes brillantes destinées?... Quand dessilleras-tu les yeux pour contempler l'étoile qui perle dans un ciel nouveau pour toi, cette étoile radieuse et puissante qui s'appelle la Liberté?

On ne pense plus qu'aux lettres et aux arts... aux arts pour orner les demeures des rois, pour leur construire des palais dignes de leur grandeur... On songe aux lettres qui, propagées aux quatre coins du monde par la glorieuse découverte de Gutenberg, doivent ouvrir à l'esprit humain des horizons inconnus jusque-là!

Les esprits travaillent, les âmes grandissent, et, de leur accouplement mystérieux naît bientôt un enfant qui voudra résoudre les plus difficiles problèmes de la raison et de la destinée humaines : *la Réforme*. La Renaissance et la Réforme qui, par les voix puissantes de Rabelais, de Luther, de Mélanchton, de Calvin, préparent la route par laquelle le peuple doit arriver à la revendication de tous ses droits! Salut à vous, nobles précurseurs du grand réveil des nations!...

VIII

Pauvre peuple opprimé, quand demanderas-tu à la monarchie, à la noblesse, au clergé, compte de leurs crimes? Ce sont des crimes de lèse-nation, et la répression devra être terrible!

Tout à coup le tocsin retentit par toute la France, c'est le tocsin de la Saint-Barthelemy, le tocsin funèbre des guerres de religion. On va voir les citoyens français s'entr'égorger de nouveau. Mais il n'est pas donné au crime de reposer longtemps tranquille!... Charles IX, le signataire de la Saint-Barthélemy, succomba prématurément sous le poids du remords.

Son frère Henri III lui succéda, et sous son règne honteux, notre malheureuse patrie se trouva déchirée par les partis. Avec lui, la royauté est avilie et impuissante, et elle semble vouloir trahir tous les intérêts de la patrie.

Un grand ambitieux paraît alors : c'est Henri de Guise, riche, puissant, l'idole du peuple et la terreur de la cour; il veut dominer le trône, et, pour arriver à son but, il forme la *Sainte Ligue*. Ses agents disaient que les Guises seuls étaient les héritiers légitimes de Charlemagne, qu'eux seuls brillaient de tout l'éclat des vertus chevaleresques, tandis que la race de Capet brillait par la honte.

L'occasion paraissait venue de rendre le sceptre de Charlemagne à sa postérité, sous laquelle la France pourrait enfin retrouver le bonheur! C'est au milieu de cette fermentation des esprits qu'eurent lieu les élections pour les Etats-généraux de 1576, dont l'ouverture avait été fixée au 15 novembre, à Blois. Ils ne s'ouvrirent que le 6 décembre par une séance royale. Quand Henri III entra, toute l'assemblée se leva et se découvrit pour lui faire honneur, et les députés du Tiers, mettant un genou en terre, demeurèrent dans cette position « *jusqu'à ce que le* » *roi et les reines se fussent assis.* Henri prononça un discours plein de bon sens, de réserve et de modération. Il cherchait à se justifier ainsi que sa mère, Catherine de Médicis, une de ces furies que l'histoire ne saurait trop flétrir, de toute participation aux calamités qui désolaient la France. Il rappelait ses travaux et ses efforts pour mettre fin aux troubles, et il déclarait que la paix était indispensable au salut du royaume.

Les députés prirent l'initiative, et présentèrent à Henri une requête de la plus redoutable portée : elle consistait à prier le roi d'accorder d'avance force de loi à tous les articles qui seraient arrêtés unanimement par les Etats. Henri repoussa cette proposition qui transférait à l'assemblée le pouvoir législatif, et s'efforça d'absorber les Etats dans la question religieuse; et bientôt, dans son hypocrisie, il se déclara le chef de la Ligue, croyant ainsi conjurer le péril.

Alors parut un homme, un député du Vermandois pour le Tiers, Jean Bodin, le précurseur de Montesquieu comme publiciste, le digne successeur de L'Hospital pour la tolérance, plein de talent et de courage, qui se fit le chef de l'opposition bourgeoise contre la Ligue et contre la cour : il se montra comme tout homme de cœur, l'ennemi de la guerre, et surtout de la guerre civile. Le roi pleura de rage, en voyant que, par les efforts de Bodin, l'assemblée lui refusait tout subside. Il serait à souhaiter que les assemblées eussent toujours tenu la même conduite !...

Peu après la guerre civile recommença. Henri de Guise, devenu maître de la capitale, ne trouva d'opposition que dans le sein du Parlement; alors, se voyant embarrassé de sa victoire, que fait-il? Il essaie de se réconcilier avec le roi. Henri III feignit de lui pardonner, et consentit à signer *l'édit d'union* qui donnait une autorité presque souveraine au chef de la Ligue; il ne lui restait plus qu'un espoir : *l'appel à la nation;* il s'en servit.

Mais l'assemblée réunie à Blois (1588), ne poussa aucun cri de liberté, et se contenta d'ériger l'édit d'union en loi fondamentale du royaume. Et le roi, irrité de l'exigence des Etats et de l'audace de Guise, résolut, pour comble d'hypocrisie, d'en finir avec lui par l'assassinat. La garde des *Quarante-cinq*, chargée de sa vengeance, immola cette grande victime sous les yeux du lâche Henri III, qui s'écria aussitôt :

« Maintenant, je suis roi! » Mais il ne le fut pas longtemps, car, le 1er août 1589, il tombait sous le poignard du moine Jacques Clément.

Ainsi, la Ligue rendit à Henri III crime pour crime, et le même coup vengeait sur lui l'assassinat des Guises et les meurtres de la Saint-Barthélemy.

Près d'expirer, il fit appeler Henri, roi de Navarre, et lui dit : « Mon frère, la couronne est » la vôtre après que Dieu aura fait sa volonté de » moi. »

Avec Henri III s'éteignait la race des Valois qui avait commis tant de fautes dont notre France fut victime. Au moins, si la fin tragique du dernier des Valois eût mis fin à l'effusion du sang des citoyens! mais il n'en fut rien : les partis continuèrent leur lutte fratricide, et la Ligue refusa de reconnaître Henri de Navarre. Mayenne, qui en était devenu le chef, convoqua un simulacre d'Etats-généraux pour l'élection d'un roi.

L'Assemblée où dominaient les députés du Tiers s'ouvrit le 26 janvier 1593, malgré les anathèmes des parlements royalistes, sous l'influence de la faction espagnole. Le duc de Féria, ambassadeur de Philippe II d'Espagne, attaqua la loi salique, et demanda aux députés que la couronne fût donnée à l'infante Isabelle-Claire-Eugénie, avec le jeune duc de Guise comme époux. Heureusement il se trouvait encore en France quelques âmes nationales, et le Parlement, faisant acte de *souveraineté*, vota le maintien de la loi salique et empêcha que la couronne, sous *prétexte de religion, fût transférée en des mains étrangères.*

Alors des amis sincères et dévoués qu'il comptait parmi les calvinistes, surtout Rosny, conseillèrent à Henri de renoncer au protestantisme, ce qu'il fit le 25 juillet 1593; et aussitôt il devint le roi Henri IV. Malgré le fanatisme des Ligueurs, la lutte fratricide cessa, et on peut dire qu'Henri IV sauva la Patrie. Sa popularité n'arrêta point le poignard de Ravailhac (1610).

IX.

S'il y eut, dans les temps modernes, une époque critique pour la patrie, ce fut certainement celle de la régence de Marie de Médicis pendant la minorité de son fils Louis XIII.

Au règne du peuple avec Henri IV allait succéder celui de la noblesse avec la régente. Les artisans dont le grand Henri aimait à s'entourer furent expulsés du Louvre, devenu trop étroit pour les gens de cour. « On ne revit plus rien de pareil à ces re-
» lations noblement familières entre une royauté
» dévouée au bien public et les arts plébéiens. »
C'est que le nouveau régime avait un tout autre usage à faire de l'argent de la France.

Il faudrait reculer bien au-delà des temps féodaux

pour trouver quelque chose de semblable à toute cette nuée de grands seigneurs qui rappelaient les souvenirs de l'antique barbarie. Entre ces seigneurs, il y avait des querelles continuelles; les amis de la veille étaient les ennemis du lendemain.

Bientôt on vit se lever l'étendard de la révolte, et les chefs du mouvement s'appelaient Condé, Longueville, Vendôme, Bouillon, Nevers! Que demandaient-ils? Le soulagement des misères du peuple et la convocation des Etats-généraux. Mais ce soulèvement effraya la cour, et, par le traité de Sainte-Ménéhould, signé le 15 mai 1614, Marie de Médicis promit de rassembler les Etats-généraux.

L'assemblée s'ouvrit à Paris, le 27 octobre; ce fut la dernière jusqu'en 1789. Elle comptait cent quarante députés du clergé, cent trente-deux de la noblesse et cent quatre-vingt-douze du Tiers-Etat. Dans le premier ordre, on remarquait surtout l'évêque de Luçon, Armand-Jean du Plessis de Richelieu. Dans le Tiers, on vit briller un homme de grand caractère, Savarron, le savant éditeur de Sidoine-Apollinaire, député de la sénéchaussée de Clermont en Auvergne : c'était certainement le plus distingué d'entre les représentants du Tiers. Il fit ce que d'autres après lui eurent rarement le courage d'accomplir; il dit nettement à la noblesse que, si l'on ne supprimait les pensions, dont le faix intolérable retombait sur le peuple, déjà surchargé de tant de fardeaux, le peuple pourrait bien à la fin, ne prendre conseil que de son désespoir, et secouer le joug; que nos pères n'avaient jeté les premiers fondements de la France qu'en se soustrayant à l'obéissance des Romains, par suite des trop forts impôts qu'on levait sur eux; qu'il craignait bien que pareille chose ne se renouvelât.

Ne voit-on pas, dans ces énergiques paroles, au milieu des nuages de l'avenir, percer les premiers rayons du grand soleil de 1789? N'entend-on pas comme un premier écho de la fameuse trompette qui doit appeler le peuple à la jouissance de ses droits?

La noblesse resta frappée d'épouvante! Ces Etats de 1614 nous offrent un grand intérêt historique, moins par ce qu'ils ont accompli que par les idées neuves qu'ils émirent, et par l'antagonisme que la morgue de la noblesse fît éclater entre les deux ordres laïques. Que retrouve-t-on dans les discours qui y furent prononcés? On y revoit le sentiment de l'égalité civile, de l'unité judiciaire, de l'unité commerciale et de la liberté industrielle. Par malheur, les discussions qui y éclatèrent, empêchèrent toute résolution commune, et les leçons de justice et de prudence données aux ordres privilégiés par Savarron restérent impuissantes.

Les Etats n'aboutirent qu'à une déception complète. La cour pressa la clôture de l'Assemblée, sous le prétexte que la sœur du roi avait besoin de la salle des séances « *pour danser un ballet de sa com-*

position. » Les cahiers furent remis le 23 février
1615. Le gouvernement ne voyait dans les députés
que des porteurs de doléances, et aussitôt après la
remise des cahiers, il fit fermer le lieu de leur réunion.

Le lendemain, les députés s'y présentant, en trouvèrent les portes closes; quelques-uns alors s'écriè-
rent : « Sommes-nous autres que ceux qui entrèrent
hier dans la salle de Bourbon? » C'était la question
même de la *souveraineté nationale :* elle n'obtint pas
la réponse que devait lui faire une autre assemblée
cent soixante-quatorze ans plus tard.

Après un mois de sollicitations, les députés quit-
tèrent Paris, n'emportant dans leurs provinces que
quelques promesses qui ne furent jamais exécutées.
Aux Etats de 1614, le Tiers se montra à la hauteur
de la situation. Il se passa sans doute encore bien
du temps avant que ses vœux pussent être réalisés
complètement; mais ses aspirations attestent qu'au
commencement du dix-septième siècle, la bourgeoisie française avait déjà fortement enraciné dans son
cœur le sentiment de toutes les grandes réformes
sociales.

Députés de 1346, de 1484 et de 1614, vous avez
planté les jalons de l'avenir, et l'histoire, en enre-
gistrant vos noms, ne saura vous montrer trop de
reconnaissance. Vous avez tracé le chemin : à ceux
qui reviendront après vous de le suivre!...

X

Il y aurait des volumes à faire sur les Etats-généraux de 1614; mais ce n'est pas là que je veux m'arrêter; je veux arriver bien vite à 1789, à cette date mémorable qui nous a faits ce que nous sommes tous.

L'assemblée de 1615 fermée, il n'y a plus qu'un homme en France, Richelieu; il n'y a plus qu'une volonté, la sienne. Cet autocrate salarié sur lequel l'histoire a porté bien des jugements contradictoires, fit tant pour la royauté absolue, que Louis XIV put dire, en mettant la couronne de France sur sa tête : « *L'Etat c'est moi!* » L'Etat c'est toi! Mais, tyran superbe, ne te souviens-tu pas des Etats-généraux de 1484? As-tu oublié les grandes, les sublimes paroles de Philippe Pot? Ne vois-tu pas dans tes rêves l'ombre vengeresse d'Etienne Marcel qui vient obscurcir l'éclat de ton *soleil?*... L'Etat c'est toi?.., dis-tu; mais ne vois-tu pas ce bon peuple de France réduit à la plus profonde misère par ton despotisme? Oh! non, tu ne comprends pas ses douleurs!... Tu ne sens point ses aspirations!. . C'est ton bien, dis-tu, c'est ta chose!... Mais, pendant que dans ton somptueux palais de Versailles, que la France a payé de ses sueurs et de ses larmes, tu dors dans les bras des la Vallière ou des Montespan, l'esprit du peuple qui t'abhorre travaille... il entrevoit des destinées nouvelles!... il se rappelle des paroles ardentes des Marcel, des Philippe Pot, des Savarron... il se rappelle qu'il est *souverain*, et toi qui penses ne tenir ton trône que de *Dieu*, il songe déjà à faire tomber ton front orgueilleux dans la poussière!...

A Dieu ne plaise que je veuille ici diminuer en rien la grandeur du règne de Louis XIV : mais il a passé comme un brillant météore, et qu'a-t-il laissé derrière lui? La misère, la honte, la banqueroute!... Voilà les suites inévitables du *gouvernement personnel!*...

Son successeur, Louis XV fit encore tomber la France bien plus bas; il ne sut que perdre l'honneur, les hommes et l'argent!...

Mais à travers les fautes et les excès de la monarchie absolue, s'étaient développées les forces nouvelles que nous avons vues se produire à partir du quinzième siècle. Quelles étaient ces forces? C'étaient la prédominance de la bourgeoisie et du peuple dans la société, l'esprit de tolérance religieuse, le grand commerce et le capital mobilier, enfin la liberté de la pensée, la liberté pour la science de s'appliquer aux besoins sociaux. Toutes ces forces, on les voit se faire jour à la fin du règne de Louis XV.

La monarchie absolue avait fait son œuvre; ce n'était donc plus d'elle que la bourgeoisie et le peuple attendaient la défense de leurs intérêts. Elle était responsable de mille abus. A côté de ces abus de la royauté, il y avait ceux non moins irritants de la noblesse et de l'Eglise.

En face de ces pouvoirs usés, se trouvaient deux classes avec lesquelles il fallait maintenant compter : *la haute et la petite bourgeoisie*. Malgré bien des erreurs, la bourgeoisie se sentit portée à réclamer une place bien plus grande dans la conduite des affaires; je dirai même mieux : tout la destinait à la prépondérance. Pour les classes laborieuses, elles étaient bien retombées depuis 1484. Le paysan pliait sous l'impôt monarchique et sous l'impôt féodal; il répandait ses sueurs pour le roi, pour la noblesse et le clergé.

Mais tous ces abus étaient d'autant plus sensibles que la nation était plus éclairée, et qu'elle avait un avant-goût du bien-être. Les classes roturières avaient bien gagné au progrès qui s'était accompli insensiblement dans les idées et dans les mœurs, dans les sentiments de douceur et d'humanité. Pendant le dix-huitième siècle, la vitalité de la France avait contrebalancé les vices de l'organisation sociale. L'agriculture et l'industrie s'étaient perfectionnées, et la richesse générale s'était accrue. En face d'un pouvoir tyrannique avili, usé, une puissance née d'hier sous le souffle de Beaumarchais, l'*opinion publique*, portait un libre examen sur les questions d'histoire de politique, de philosophie, d'économie politique. Aux erreurs et aux préjugés traditionnels, elle opposait les lumières de la raison humaine. Cette situation existait bien avant qu'aucun des philosophes et des économistes du dix-huitième siècle aient paru, mais, en fils reconnaissants, ils allaient en augmenter la puissance. Les lettres, à partir de ce jour, aspirent à la liberté de la pensée, de la parole et de la presse, et les classes laborieuses aspirent à la liberté de travail et d'invention.

Les apôtres de l'humanité, les libres penseurs répandent dans toute l'Europe le goût des études sur l'état général des peuples, et le désir de réaliser toutes les réformes nécessaires : les lettres deviennent un instrument de polémique.

A mesure que le dix-huitième siècle avance, le goût des doctrines réformatrices se répand partout. Voltaire, la personnification la plus complète de cette grande époque, avec sa verve passionnée, se faisait le défenseur de la cause de l'humanité, de la justice et de la tolérance ; et, au milieu de ses doutes, il est une foi qui ne l'abandonna jamais, c'est que le règne de la Justice et de la Liberté était proche. Alors le patriarche de Ferney saluait avec effusion l'ère nouvelle annoncée par tant de signes précurseurs. Dans une lettre restée célèbre, il traçait ces lignes mémorables : « Nous arrivons à la
» terre promise, mais je ne la verrai pas. Je meurs,
» j'ai quatre-vingt-quatre ans, quatre-vingt-quatre
» entreprises accablantes pour un pauvre vieillard,
» et quatre-vingt-quatre maladies qui m'épuisent.

— 41 —

» Mon Dieu ! j'ai combattu soixante ans pour ta gloire !...

Tous les philosophes, tous les économistes avaient préparé avec Voltaire la grande transformation qu'il annonçait. Ils ont certainement commis bien des fautes ; mais c'est sur leurs principes que repose l'ordre de la société contemporaine, et cet ordre doit bien suffire pour obtenir de nous la grâce de leurs erreurs. Que voulaient-ils tous? — Mettre en harmonie le système social avec les idées du siècle. Ils proclamaient la nécessité de substituer la *souveraineté nationale* au principe paralysé du *droit divin*. Il ne fallait pas seulement modifier le pouvoir monarchique ; il était bien temps d'abolir tous les droits des classes privilégiées.

XI.

Lorsque Louis XV mourut, la puissance de l'opinion publique était irrésistible en France. Le nouveau roi Louis XVI voulait le bien du peuple : il désirait prendre l'initiative des réformes nécessaires ;

mais, malgré Turgot et Malesherbes, il n'eut pas la force de les accomplir.

Après bien des tâtonnements, il eut recours aux Etats-généraux que tout le monde réclamait : cet appel à la nation ne lui coûta point : il voulait avant tout faire le bien ; et, en homme qui comprend son époque, il avait déjà spontanément abandonné bien des prérogatives de la royauté absolue : ainsi, à partir de 1787, il avait laissé fonctionner régulièrement les *Assemblées provinciales* dans les vingt-six généralités de pays d'élection et dans les six généralités de pays d'Etat, et par là, les Français avaient été initiés à la gestion de leurs affaires. Dans ces diverses assemblées, il se produisit aussitôt un mouvement national de progrès et de liberté. Toutes les réformes économiques et sociales y furent proclamées. Toutes les classes de la société appelées à siéger dans ces assemblées, avaient travaillé à régénérer le pouvoir.

Pour leur constitution, ces Assemblées provinciales avaient inauguré les trois principes fondamentaux qui allaient triompher aux Etats-généraux pour la représentation du pays tout entier, c'est-à-dire *le doublement du tiers*, la *réunion des ordres* et le *vote par tête*. Dans le Dauphiné, notamment, pays libéral par excellence, les fameuses assemblées de Vizille et de Romans avaient fait une révolution partielle qui devait bien vite se répandre par toute la France, et résoudre le grave problème de la *sou-*

veraineté absolue. Elles exigèrent l'*élection des membres* au lieu de la *nomination par le roi*, et la conséquence immédiate de cette mesure, fut le bel élan des Etats-généraux de 1789.

Les grandes et légitimes aspirations étaient générales, mais on doit placer ici, comme une ombre aux lumières de ce formidable tableau de tout un peuple qui se lève pour ses droits, on doit placer les fureurs des partis, les sourdes menées de l'intrigue, cherchant à nouer ses fils dans les ténèbres, les séditions, les complots, la mendicité, la misère, la famine, la mort!... La voix des tribuns domine d'un bout à l'autre de la France les premiers vagissements de l'enfant qui vient de naître ou plutôt de se réveiller de son léthargique sommeil, et qui s'appelle la Révolution. Comme l'Océan, ses moindres soupirs sont des tempêtes!...

C'est donc au milieu d'une fièvre indescriptible que les élections commencèrent. Oh! non, jamais on ne reverra de pareils jours! Le peuple, étranger à la vie publique, s'y exerçait avec une ardeur qui témoignait de ses aptitudes autant que de sa volonté. Paris s'était partagé en soixante districts, dont le roi nomma les Présidents. Les districts, à l'exception de trois, où les Présidents nommés par le roi, furent cependant invités à se considérer comme élus, les refusèrent, et en choisirent d'autres. L'élection eut lieu à deux degrés : le premier degré nommait un électeur sur cent votants. Les électeurs

nommaient ensuite les députés, et rédigeaient les
cahiers. » Pour participer au premier vote, il fallait
» être âgé d'au moins vingt-cinq ans et payer six li-
» vres d'impôt. On avait exigé le vote à haute voix
» dans les assemblées populaires. Quand on rap-
» proche ce fait de l'omission relative au vote par
» ordre ou par tête, on peut croire que le roi vou-
» lait favoriser les privilégiés; il voulait seulement
» les obliger à payer l'impôt. La noblesse et le
» clergé nommèrent un électeur par dix votants;
» ils élisaient leurs présidents, et leurs cahiers fu-
» rent distincts de ceux du Tiers-Etat. On appelait
» cahiers des espèces de procès-verbaux rédigés en
» commun, et dans lesquels les électeurs exposaient
» leurs motifs de plainte. Il s'en trouva quelques-
» uns qu'on eût pu prendre comme base d'un mo-
» nument complet de législation. Ainsi, dans le
» district de l'archevêché, le cahier, suivant l'avis
» de Sieyès, fut précédé d'une de ces déclarations
» des droits qui devaient se reproduire si souvent
» depuis. »

Oh! si vous avez feuilleté quelques-unes de ces
sombres archives des souffrances de nos pères, vous
avez dû vous sentir ému jusqu'au fond des entrailles! Vous avez dû comprendre pourquoi, malgré les crimes qu'elle a fait commettre, la Révolution restera sainte devant le tribunal de l'histoire!...

L'impulsion de l'esprit de justice et de bienveil-
lance était devenu irrésistible; on le voit jusque

dans les cahiers des ordres privilégiés. Au nom de l'Evangile, le clergé sanctionne la tolérance : la noblesse et le clergé réunis, tout en affectant un profond respect pour la vieille constitution monarchique, demandent néanmoins des contre-poids qui en rétablissent l'équilibre, tels que le *retour périodique des Etats-généraux* et la *responsabilité des ministres.*

Quant aux cahiers du Tiers-Etat, ils se montraient unanimes. Tous les bailliages demandaient des garanties pour la liberté et la propriété individuelle, l'abolition des priviléges, l'égalité devant l'impôt; le rachat des droits féodaux; la réforme de la justice et de l'administration; la suppression des obstacles à l'unité du pays, et à la libre action des citoyens; enfin, l'établissement d'une constitution politique. On peut le dire, jamais on n'avait vu un ensemble de principes aussi hardis présentés avec tant de concert. C'était bien le véritable réveil de la nation!...

Je vais ici laisser la parole à notre maître, M. Augustin Thierry : « Ces représentants d'un grand
» peuple qui n'était pas à sa place et voulait s'y
» mettre, n'eurent besoin que de trois mois pour
» bouleverser de fond en comble l'ancienne société
» et aplanir le terrain où devait se fonder le régime
» nouveau. Après la fameuse nuit du 4 août 1789,
» qui vit tomber tous les priviléges, l'Assemblée
» nationale, changeant de rôle, cessa de détruire et
» devint constituante. Alors commença pour elle,
» avec d'admirables succès, le travail de la création

» politique, par la puissance de la raison, de la pa-
» role et de la liberté. Ce travail, dans ses diverses
» branches, fut une synthèse où tout partait de la
» raison pure, du droit absolu et de la justice éter-
» nelle; car, selon la conviction du siècle, les droits
» naturels et imprescriptibles de l'homme étaient le
» principe et la fin, le point de départ et le but de
» toute société légitime. L'Assemblée constituante
» ne manqua pas à cette foi qui faisait sa force, et
» d'où lui venait l'inspiration créatrice; elle de-
» manda tout à la raison, rien à l'histoire, et toute-
» fois, dans son œuvre, purement philosophique en
» apparence, il y eut quelque chose d'historique. En
» établissant l'unité de droit, l'égalité devant la loi,
» la hiérarchie régulière des fonctions publiques,
» l'uniformité de l'administration, la délégation so-
» ciale du gouvernement, elle ne fit que restaurer
» sur notre sol, en l'accommodant aux conditions
» de la vie moderne, le vieux type d'ordre civil légué
» par Rome; et ce fut la partie la plus solide de ses
» travaux, celle qui, reprise et complétée dix ans
» plus tard, par la législation du Consulat, est de-
» meurée inébranlable au milieu des secousses et
» des changements politiques..... Depuis 1791, les
» constitutions ont changé vite et passé souvent;
» elles changeront sans doute encore, elles sont le
» vêtement de la société; mais sous cet extérieur
» qui varie, quelque chose d'immuable se perpé-
» tuera : l'unité sociale, l'indivisibilité du terrritoire,

» l'égalité civile et la centralisation administra-
» tive. »

Par la voix des constituants, de ces hommes de
génie qui s'appelaient Brissot, Malouet, Mounier,
Servan, Thouret, Condorcet, Sieyès, la nation s'af-
firma *souveraine*, et cette souveraineté fut consacrée
par l'*inviolabilité* de chacun des représentants. Mais,
comme dans la *déclaration des droits de l'homme*,
elle avait masqué l'idée du devoir sous celle du
droit, elle céda à une action trop rapide de l'intérêt
de la liberté. Acceptant trop facilement le concours
des clubs, de la presse, des masses populaires, elle se
laissa entraîner à des erreurs d'organisation qui devaient être bien dépassées après elle. Elles étaient
bien excusables ces erreurs, quand on examine que
la nation marchait toute seule, pour la première
fois, sur le sol mouvant de la politique. Voilà pourquoi, dans les soixante années qui suivirent, elle
essaya les formes successives de huit gouvernements.

En définitive, après la mort de l'éloquent Mirabeau (2 avril 1791), qui « emporta la monarchie
» dans les plis de son manteau, » il ne resta de
celle-ci que le principe héréditaire en faveur de la
race règnante, avec une *monarchie déléguée*, qui
avait pour supérieurs, non-seulement une Constitution, mais une *Assemblée unique et indissoluble*.
Le grand principe de la souveraineté de la nation
venait d'être définitivement implanté en France.

XII.

Avec la Constituante finit la première période de la Révolution française, celle que signale le triomphe de l'*égalité des droits*, et de la *liberté*. Mais, à partir de la Législative, l'action de la force se substitue peu à peu au principe du droit.

Cette Assemblée, où dominaient les Girondins, voulut accomplir quelque chose qui dépassât la Constituante, et qu'arriva-t-il? C'est qu'elle exagéra, elle faussa, elle détruisit les principes qui venaient d'être proclamés. Il s'ensuivit une halte du progrès économique et le bouleversement du travail. Bientôt le principe même de la Révolution française était changé. Ce n'était plus, comme en 1789, la victoire des classes moyennes sur la royauté absolue et sur la féodalité. Mais le 10 août marque l'ère sanglante de la démagogie, et la France tombe sous la tyrannie de Marat, Collot-d'Herbois, Billaut-Varenne, Tallien; et le fougueux Danton, l'orateur passionné des masses, devient ministre de la Justice, et, pour inaugurer son pouvoir, il faisait commettre les crimes inexprimables des 2 et 3 septembre.

La Législative fut jeune comme la Révolution, ardente, inexpérimentée comme elle, et elle se montra toujours inquiète et agitée comme les clubs dont elle sortait. Bientôt, comme le monstre de l'Apocalypse, la Révolution va dévorer la chair des rois et des puissances. Maintenant, la royauté est prisonnière, et ses derniers jours approchent.

Vergnaud, l'un des plus illustres orateurs de la Gironde, proposa l'élection d'une *Convention nationale* qui devait prendre en main le *pouvoir exécutif*. Après les massacres de septembre, Paris ne put reprendre son aspect ordinaire : les âmes étaient épuisées!... Les institutions qui constituent l'Etat semblaient près de tomber. Mais le gouvernement dictatorial et terroriste qui avait abattu la royauté était déjà usé. L'anarchie complète menaçait de détruire en peu de jours une civilisation si lentement et si laborieusement conquise. De ce moment, le crime marcha le front haut, continuant son œuvre de destruction. Mais, c'en était fait, et la Législative acheva sa courte mais orageuse carrière au bruit du canon victorieux de Valmy.

La Convention s'assembla aussitôt (21 septembre 1792); elle comptait sept cent quarante-neuf membres. A droite siégeait la *Gironde*, à gauche, la *Montagne*, et au centre, la *Plaine*. Ces noms personnifiaient les trois grandes familles d'esprits politiques qui jouèrent un rôle dans le drame de la Révolution.

La Convention aggrava les difficultés de toute nature qu'elle avait à surmonter par ses fautes et ses cruautés. Elle crut anéantir la contre-révolution par un système d'impitoyable rigueur, et l'échafaud de

Louis XVI (21 janvier 1793) mit un abîme entre elle et les puissances de l'Europe; il amena la coalition.

La coalition exalta dans les masses les sentiments de vengeance; de là, le *Tribunal révolutionnaire* (10 mars) et le *Comité de salut public*. La doctrine des Girondins ne tarda pas à servir la haine des Septembriseurs contre eux; et, au nom de l'unité nationale menacée, la Convention en fit périr trente-quatre (31 mai-2 juin). Dès ce moment, la Terreur fut à l'ordre du jour. Cette tyrannie sanglante fit horreur aux provinces. La *loi des Suspects* plaça tous les citoyens sous la surveillance des clubs, et tout ce qui s'éloignait de la République *une et indivisible* fut impitoyablement brisé.

La Convention abdiqua elle-même en instituant le gouvernement révolutionnaire qui déférait toute l'autorité au Comité de Salut public. Malheureusement, la Convention voulut planter l'arbre de la liberté sur l'échafaud; et jamais il n'y eut de concentration plus forte, de despotisme plus dur ni plus sauvage. Les partis voulurent confier aux chances de la guerre civile leurs espérances. Une fois de plus, le sein de la patrie fut déchiré par les mains de fils égarés qui, jusqu'à l'heure dernière, devaient confesser pour elle le plus ardent amour. Il est de ces figures devant lesquelles je ne veux pas m'arrêter, parce qu'elles m'inspirent un invincible dégoût. Comme Saturne, la Révolution finit par dévorer ses propres enfants, ainsi Danton, ainsi Marat, ainsi Robespierre, dont la dictature fut marquée par les derniers outrages à la loi morale et sociale.

Heureusement, la Convention ne dura pas long-temps, et la Constitution qu'elle rédigea en l'an III fut encore un acte de tyrannie. Pour assurer le pouvoir au parti ultra-révolutionnaire, elle décida que les deux tiers des députés des nouvelles assemblées seraient choisis parmi ses membres. C'était une violence faite à la liberté des élections, et elle devait être bien funeste à la Constitution de l'an III!... On peut s'écrier avec madame Roland : « Liberté! que de crimes on a commis en ton nom! »

Cependant, malgré ses fautes, la Convention mérite bien les égards de la postérité. Sans doute, elle s'est abreuvée de sang; mais elle a régénéré la France en posant les principes de l'enseignement public qui dût désormais former des citoyens vraiment dignes du pays.

L'histoire du Directoire n'est que le récit de la lutte acharnée de deux partis qui, à la fin de la Convention se trouvaient aux prises : l'un qui s'attachait aux moyens révolutionnaires comme indispensables au salut du pays ; l'autre était irrité des maux d'un régime de terreur, et voulait l'abolir comme atroce. Ce gouvernement s'épuisa bien vite dans une suite d'intrigues et de convulsions.

A la suite du Directoire, que fallait-il à la France? L'ordre et la paix intérieure. Le Directoire pouvait-il les lui donner? — Non. — Voilà pourquoi le coup d'Etat du 18 brumaire 1799 fut un dénoûment heureux de cette période de déchirements et de faiblesse. De là, devaient sortir la réconciliation universelle et la reconstruction sociale.

XIII

Le Consulat, en promulguant la Constitution de l'an VIII, consacra les principes de 1789 qui, seuls devaient rester debout après quatre-vingts ans traversés par la Monarchie, les Assemblées, la République, l'Empire, la monarchie soi-disant légitime et la royauté constitutionnelle.

Ces principes sont indestructibles, car ils constituent les trois sortes de libertés indispensables au progrès de la société : la *liberté civile*, la *liberté sociale* et la *liberté publique*. Plusieurs combinaisons de la Constitution de l'an VIII furent dirigées contre la *liberté politique;* il ne faut pas en être étonné : le Consulat s'efforçait d'arrêter l'œuvre de destruction accomplie par les gouvernements antérieurs.

Bonaparte, premier consul, voulut reconstituer l'ordre public et l'administration de l'Etat, et rendre à la société la foi dans l'avenir; et cette réorganisation de la France, il voulut la faire au profit de l'idée sociale de *l'égalité*, et c'est là qu'est le secret de sa puissance et de sa grandeur. Après lui avoir prorogé ses pouvoirs pour dix ans, la nation lui donna le consulat à vie; c'était un acheminement graduel vers la monarchie en faveur de l'homme qui sut défendre contre l'Europe coalisée, les conquêtes de la Révolution.

Le 18 mai 1804, le Sénat le proclamait empereur héréditaire, sous le nom de Napoléon, et le peuple, par 3,573,329 suffrages contre 2,569, ratifiait cette élection qui consacrait de nouveau les principes de 1789.

« Une des grandes fautes de Bonaparte, consul » et empereur, » dit M. Augustin Thierry, « fut » d'écarter obstinément de ses combinaisons d'ordre » social la liberté intellectuelle et la liberté poli- » tique, de ne voir dans l'une et dans l'autre que » des rêveries d'idéologues, de ne pas comprendre » que, par le mouvement de tout le dix-huitième » siècle, ce double instinct avait reçu chez nous » la sanction que donne l'histoire, qu'il fallait » compter avec lui comme avec un fait réel. Une » fois reposée de l'anarchie et rassasiée de gloire » militaire, la nation devait se reprendre à désirer » les droits pour lesquels elle avait combattu pen- » dant dix ans, et que lui refusait l'Empire. Ce » principe de vie publique se réveilla tout à coup, » stimulé par les souffrances inouïes des dernières » années du régime impérial, par l'excès de la police, » l'immense abus de la conscription, la justice pré-

» vôtale des Commissions militaires, l'énormité des
» impôts, la tyrannie des prohibitions commer-
» ciales. Au milieu de nos désastres de 1814, il y
» eut une sorte de résurrection du parti constitu-
» tionnel de 1789; l'idée de la liberté politique
» reparut, moins absolue qu'autrefois, cherchant,
» non le règne absolu de tous sur tous, mais de
» fortes garanties pour les droits et les intérêts
» civils..... »

Que fut donc l'Empire? — Une magie, une fête militaire de quinze ans. — Mais cette ivresse fut suivie de bien des mécomptes, puisque cette gloire qui épouvantait le monde, vint se coucher dans la morne plaine de Waterloo.

Le génie qui avait reconstitué la France au point de vue *social*, mais qui voulut la *tyranniser* au point de vue *politique*, alla mourir sur le rocher de Sainte-Hélène. Quel cadre! quelle immense leçon pour les souverains et pour les peuples!..... Puissent-ils en profiter!

XIV

Comme source des pouvoirs, nous avons vu que la Constituante avait établi l'élection à deux degrés; la Convention établit le suffrage direct, sans condition, pour être citoyen électif; la Constitution directoriale revint à l'élection à deux degrés, en fondant la qualité d'électeur primaire sur une contribution directe, foncière ou mobilière, et celle d'électeur secondaire sur le taux de la propriété ou de l'usufruit, diversement fixé, suivant les communes au-dessus ou au-dessous de 6,000 habitants.

La Constitution de l'an VIII substitua à l'élection les listes de notabilités. Il y eut trois rangs de listes : 1° les listes *communales*, formées de 600,000 personnes élues parmi les cinq ou six millions d'électeurs primaires, à raison d'un élu pour dix citoyens. Or, tout Français inscrit légalement sur le registre civique de son arrondissement communal, et domicilié pendant un an sur le territoire de la République, était citoyen. Sur ces listes communales, le pouvoir exécutif choisissait les membres des administrations municipales, ceux des Conseils d'arrondissement, et les administrateurs qui leur correspondaient, les maires, les futurs sous-préfets, les juges de première instance. — 2° La *liste départementale*, formée de 50 à 60,000 individus élus par les 600,000 de la première. On y choisissait les fonctionnaires du département, préfets et juges d'appel. — 3° Enfin, dans la *liste nationale*, formée de 6,000 noms, le dixième de la liste précédente, choisis par elle, le Sénat devait choisir les membres du Corps législatif, les conseillers d'Etat, les ministres, les juges du tribunal de cassation, ces derniers seulement sur la présentation des consuls.

Ainsi donc, la Constitution de l'an VIII *restreignit*

le système électif; je crois avoir suffisamment expliqué le but de cette restriction : je n'y reviendrai donc pas. Je répéterai seulement que, pour le reste, cette Constitution a consacré tous les principes de 1789.

La Charte *octroyée* par Louis XVIII consacra pour les droits des électeurs, pour la liberté individuelle, pour la liberté de conscience, pour la liberté de la presse, les principes de 1789. Cette Charte avait de grands vices originels; mais, malgré tout, elle servit de fondement à notre droit public pendant plus de trente ans. C'est que 1789 y avait marqué son blason, et les garanties essentielles de liberté et d'égalité s'y trouvaient inscrites, pour attester la puissance des principes de la Constituante. Aussi cette Charte fut-elle bientôt redoutable, non-seulement pour les Bourbons, mais pour toutes les monarchies absolues de l'Europe.

Waterloo venait donc de renverser l'Empire; mais les puissances alliées n'avaient pu vaincre la Révolution, et même pour combattre les exagérations impériales, elles avaient invoqué les principes de 1789. La France fut le théâtre de la lutte de l'esprit moderne et de l'ancien régime; cette lutte comprend les règnes de Louis XVIII et de Charles X.

Pendant les quinze années que durèrent ces deux règnes, par la vitalité des principes de 1789, notre patrie put se relever de ses humiliations. La paix dont elle jouit pendant cette période, agrandit encore l'horizon des idées libérales; ce ne fut pas à la royauté elle-même que ces idées s'attaquèrent, mais aux institutions surannées que voulaient restaurer les défenseurs malavisés des Bourbons. Cette époque, qui est la nôtre, vit la lutte de *l'égalité en matière électorale* contre le privilége, de la libre concurrence contre le monopole, de la justice légale contre la justice arbitraire, de la liberté de la presse contre la censure, de la liberté d'examen contre le principe d'autorité.

Louis XVIII se plaça, pour ainsi dire, entre les deux camps; mais quand le comte d'Artois, le chef de l'émigration, fut devenu Charles X, il voulut brusquement arrêter le libéralisme dont la force n'avait fait que s'accroître : et qu'arriva-t-il? C'est que sa dynastie fut renversée en trois jours, et, en partant pour l'exil, il emporta avec lui les derniers restes de l'ancien régime.

Avec Louis-Philippe, la France vécut sous le règne de la Bourgeoisie. On attaqua bien dans la suite le droit que s'étaient arrogé 232 députés de disposer de la couronne de France; assurément, *le suffrage universel n'avait pas été consulté*, et c'est là la cause de la chute de la dynastie d'Orléans; dix-huit ans après avoir reçu la couronne d'une réunion de députés, Louis-Philippe se la laissa arracher par une poignée de factieux! — Puisqu'il n'avait pas reconnu le droit du *suffrage universel*, il ne put pas invoquer l'appui de la multitude : aussi n'essaya-t-il pas de combattre. On peut dire que sa chute ne fut pas la chute d'un roi, mais elle fut la fin d'un système qui attribuait le privilége électoral exclusivement à la fortune. Cette chute si rapide fut le point de départ d'une révolution politique, immense dans ses conséquences, et analogue à celle qui, dans la République romaine, fit passer le gouvernement des assemblées centuriales aux assemblées par tribus.

Pendant dix-sept ans, les Sociétés secrètes, le journalisme, la presse, avaient préparé la catastrophe du 24 février 1848. Les républicains de Février, en arrivant au pouvoir, se montrèrent pour la plupart animés du plus grand désintéressement et du plus sincère désir de faire le bien. Ils voulurent tous remplir leur devoir avec conscience ; mais bientôt, la presse et la tribune employèrent contre eux les armes et les moyens qu'eux-mêmes avaient mis en œuvre pour détruire le gouvernement précédent. Ils remplirent le carquois de la Liberté de flèches empoisonnées qui furent lancées contre eux, et la Liberté ne tarda pas à être frappée à son tour ; avec elle furent aussi frappés tous ceux qui la chérissent, non pour la popularité qu'elle donne, non pour les promesses artificieuses auxquelles elle sert de prétexte, mais pour elle-même, à cause de sa sagesse, de sa modération et de sa justice ; avec elle furent frappés tous ceux qui la voulaient sincère et honnête, qui redoutaient de la voir dégénérer en licence, digne sœur de la tyrannie. Il est un homme que la mort vient d'enlever, et qui joua un rôle bien digne dans ces moments de surexcitation : c'est M. de Lamartine, le chantre harmonieux du *Lac* et des *Méditations*, qui sauva la France du drapeau rouge; que son ombre reçoive ici le tribut de notre reconnaissance !

Le 4 mai arriva, et l'*Assemblée constituante* s'ouvrit aux cris enthousiastes de : Vive la République! A partir de ce jour, l'anarchie eut à compter avec un gouvernement légitime, issu de la *volonté nationale*, exprimée de la manière la plus libérale. La situation se trouvait donc bien changée, puisque l'esprit public, les aspirations démocratiques du siècle venaient de triompher. Mais il y a toujours eu des entêtés qui n'ont cherché que le massacre et le pillage.

Bientôt on vit l'insurrection dans Paris; dès le 23 juin, les barricades s'élevèrent, destinées à protéger pendant quatre jours, au sein de la capitale du monde civilisé, la guerre civile dans laquelle des généraux, l'archevêque de Paris, d'innombrables citoyens trouvèrent une mort glorieuse. En présence de tels faits, on arriva à une dictature, celle du général Cavaignac, dont l'honnêteté et l'énergie sauvèrent la patrie. Ce grand homme, qui mérita si bien de la France, se retira dignement du pouvoir, après que le *suffrage universel* eut appelé à la présidence de la République le citoyen Louis-Napoléon Bonaparte.

L'Assemblée législative succéda à l'Assemblée

constituante en 1849, et cette Chambre, qui se trouva composée de partisans des deux dynasties de Bourbon, entra ouvertement en lutte avec le Président, et la pauvre France fut en proie à une agitation et à des terreurs qui redoublèrent les dissensions et les mesures imprudentes de l'Assemblée.

Comme au 18 Brumaire, la Constitution fut déchirée, et un coup d'Etat qui amena des scènes bien déplorables, mit fin à l'agitation universelle. Alors, après la dissolution de la Chambre, la *nation souveraine* effrayée, prorogea pour dix ans les pouvoirs du président. Un an après, l'Empire fut de nouveau proclamé, et le *suffrage universel* adopta, par huit millions de voix contre deux cent cinquante-quatre mille, la Constitution de 1852, qui vient encore d'être anéantie par son auteur, pour faire place à une Constitution parlementaire dont nous verrons les conséquences!

CONCLUSION

—

Nous voici arrivés au terme de cette rapide excursion à travers l'histoire des Gouvernements et des Assemblées qui ont régi notre pays. Que devons-nous conclure de tous ces faits que nous venons de voir défiler sous nos yeux?...

Citoyens français, rappelons-nous que de luttes, que de misères, que de souffrances il a fallu à nos pères pour fonder 1789! Soyons heureux de nous dire les fils de cette époque, et montrons-nous-en dignes! Admirons avec enthousiasme ces Titans dont le souffle remua toute l'Europe, et qui, à la tribune de la Constituante ou de la Convention, promulguèrent le dogme nouveau et révélèrent l'humanité à elle-même! Oui, cette époque est le point de départ de tout ce que nous sommes; c'est le moment où les esprits sortent des ténèbres de la servitude, et se débarrassent des antiques préjugés. — N'oublions pas surtout la célèbre *déclaration des droits de l'homme*, et inscrivons-la courageusement sur notre drapeau!

Est-ce à dire pour cela que nous désirions une nouvelle Révolution? Oui; mais nous la voulons pacifique. — Depuis 1848, nous possédons, il est vrai, sur une plus large base, le suffrage universel; mais la *souveraineté du peuple* est trop souvent entravée par de viles et mesquines considérations... Qu'on supprime les candidatures officielles! que les préfets *à poigne*, les maires et les gardes champêtres ne viennent plus, aussi bien que messieurs les candidats qu'ils soutiennent, enchaîner par leurs fallacieuses promesses la liberté des électeurs.

Français, apprenons donc à nous servir de nos droits et à les faire respecter de tous! Pour cela, que faut-il? il faut l'instruction, qu'on peut regarder comme la sentinelle de la vie. C'est alors que nous pourrons accomplir une révolution pacifique; sans secousse, nous ferons la guerre à toutes les idées fausses, nous détruirons tous les abus... Nous respecterons les sentiments religieux, mais nous vengerons le bon sens outragé; nous repousserons la superstition et le fanatisme; nous abattrons toutes les tyrannies!

Pour cela, il faut éclairer le peuple; il faut le *voltairianiser!* Alors il comprendra que ce n'est pas un changement de dynastie qui pourra combler ses vœux! il comprendra que ce n'est point derrière les barricades que se cachent la Liberté et son insépable sœur, l'Egalité.

Mais voici le moment où la jeune France va revêtir la robe virile : elle a déjà commencé la conquête du droit et de la justice pour tous. Aussi, saluons avec effusion son avènement, et ne chantons plus, comme nos pères du moyen-âge, l'hymne du désespoir!... entonnons tous l'hymne de l'affranchissement et de la fraternité!... Lorsque nous ne verrons plus sur notre budget (et le jour est proche), lorsque nous ne verrons plus les 500 millions du ministère de la guerre; lorsque la plus large part sera faite au ministère de l'instruction publique qui, au lieu de faire tuer les hommes, les forme et les moralise, oh! alors, nous pourrons dire que nous sommes arrivés à la dernière étape du progrès!... Alors notre France sera grande, forte et glorieuse, et elle deviendra immortelle dans la durée, comme elle est déjà immortelle dans l'histoire!...

Alors le suffrage universel ne sera plus un mensonge, et le peuple, devenant *souverain par l'instruction* et l'éducation, fera voir qu'il l'est aussi par ses *actes.*

FIN.

BEAUNE. — IMPRIMERIE LAMBERT.